DÉSIRÉE VON TROTHA

WOODSTOCK IN TIMBUKTU

Die Kunst des Widerstands

DAS BUCH ZUM FILM

CINDIGO

VORWORT

Vor über zwei Dekaden verschlugen mich Dreharbeiten zum ersten Mal in die Sahara. Ich war fasziniert. Von der Landschaft und den Tuaregnomaden, die sich selbst Kel Tamaschek nennen. Offenherzige Männer und Frauen nahmen mich ohne Vorurteile in ihrer Mitte auf und boten mir ihre Freundschaft an. Seither verbringe ich jedes Jahr sechs Monate in der größten Wüste der Welt.

Eine fremde Kultur reichte mir die Hand. Ich ergriff sie, halte sie fest und werde von ihr fest gehalten. So fest, dass ich 2011 beim Festival au Désert – ein von Kel Tamaschek organisiertes internationales Musikereignis in der Sahara – meinen Dokumentarfilm «Woodstock in Timbuktu – die Kunst des Widerstands» gedreht habe.

Im Film geht es um die Musik der Kel Tamaschek, die in jüngster Zeit Erfolge feiert und Grammys gewann; um Musiker und Poeten, die Macht der Frauen, Kamelhirten, Ex-Rebellen, Drogenschmuggler und die drohende Gefahr durch militante Salafisten des saharischen Arms der al-Qaida. Und um ihre Lieder, in denen sie besingen, wie schlimm vieles war, wie hart es noch ist und wie schön alles werden soll.

Während der Dreharbeiten im Januar 2011 war die Sicherheitslage angespannt. Allerdings ahnte seinerzeit noch niemand, wie schlimm alles werden sollte: Ein Jahr später suchten zehntausende Kel Tamaschek Exil

in den Nachbarstaaten. Anfangs, um den bewaffneten Auseinandersetzungen während der Machtübernahme ihrer Region durch militante Salafisten zu entgehen; später flohen sie vor den rigiden Scharia-Gesetzen der Gotteskrieger und einer drohenden Hungersnot; heute fliehen sie vor ethnischen Übergriffen. Alle hoffen auf ein baldiges Ende des Krieges, der im Januar 2013 mit einer Intervention der französischen Armee im Norden Malis internationale Bedeutung erlangt hat.

Auch zahlreiche Musiker und die Organisatoren des Festival au Désert wurden in alle Winde zerstreut: von Burkina Faso über Algerien und Niger bis nach Mauretanien … Timbuktu ist nach wie vor Kampfgebiet. Doch das Festival au Désert gibt nicht auf, ist dabei eine Karawane des Friedens im Exil zu organisieren.

Gerade jetzt, wo viel so schlimm ist, scheint es drängender denn je, Mut zu schöpfen und an den kulturellen Reichtum dieses vom Untergang bedrohten Volkes zu erinnern. Die Kultur hat keine Beine heißt es. Es ist der Mensch, der sie tragen muss. Und wie in «Woodstock in Timbuktu» sollen die Kel Tamaschek selbst in diesem Buch zum Film ihre Kultur in die Welt tragen.

Désirée von Trotha, Chronistin & Regisseurin im April 2013

afous d'afous

von Tartit

Hand in Hand wird Frieden herrschen
und das Böse die Welt verlassen.
Nur das Glück wird bestehen und alter Hass vergehen.

Die Jugend wird sich einsetzen,
die Respektlosigkeiten werden verschwinden.

Wenn die Wahrheit triumphiert,
wird jedes Gefühl von Überlegenheit verschwinden.
Dafür erheben wir uns alle. Ohne Ausnahme!

Wünsche sind gesät, die Ernte wird kommen
und Wohlstand für alle herrschen.

| afous d'afous |

| temakannit |

«Seit Jahrhunderten gibt es jedes Jahr in allen Regionen der Kel Tamaschek ein bedeutendes Treffen. Bei uns nennt man es *temakannit* und weiter im Norden *takoubeit*. Diese Zusammenkünfte finden immer an einem zentralen Platz statt. Wie bei Timbuktu, kurz bevor die Nomaden nach dem Ende der Regenzeit weiterziehen müssen. Beim *temakannit* handelt es sich in erster Linie um ein familiäres Wiedersehen, es werden interne Auseinandersetzungen beigelegt, externe Probleme wie etwa Steuerabgaben besprochen und staatliche Kampagnen oder Maßnahmen erklärt. Vor allem wird jedoch Musik gemacht und gefeiert – Hochzeiten und ganz einfach das Wiedersehen der über das Jahr weit verstreut lebenden Familien … Es schien mir ganz natürlich unser Festival au Désert ins *temakannit* einzubetten. Nun feiern auch Musiker und Gäste aus dem In- und Ausland für drei Tage und Nächte mit uns Nomaden. Das begeistert alle. Besonders die Jugend aus allen Teilen Malis!»

Manny Ansar, Präsident des Festival au Désert

| Gedicht |

«Die Kultur der Kel Tamaschek basiert auf der Musik. Sie ist unsere Freude! Die Poesie, die Lieder, die Tänze … Die Musik hat große Bedeutung, denn bei uns gibt es kaum Krankenhäuser … Wenn wir Frauen dann abends gemeinsam mit den Männern Musik machen, lachen, singen und tanzen – dann ist die Musik unser Medikament!»

Fadimata Walett Oumar, genannt Disco,
Gründerin der Band Tartit aus der Region Timbuktu

«Wir haben beschlossen uns kulturell zu öffnen – auch wenn es dabei durchaus Risiken gibt. Doch das Volk der Kel Tamaschek kann auf Dauer nicht hinter seinen Dünen bleiben, abgeschieden vom Rest der Menschheit. Wir vertrauen unserer Kultur. Sie überlebt in der Wüste, da wird sie auch der modernen Welt widerstehen können. Das Festival au Désert trägt mehrere Botschaften, zum einen trägt es unsere Kultur in die Welt ... Und es steht für Frieden! Denn als wir das Festival im Jahr 2000 gründeten kam Mali gerade erst aus einem Bürgerkrieg. Dieser hatte viel zerschlagen, besonders zwischen Nomaden und Sesshaften ... Zum ersten Mal fanden die Menschen jetzt wieder zu Tanz und Amüsement mit Musik zusammen. Unser Festival hat die zuvor verfeindeten Seiten vereint, und Schritt für Schritt gewöhnte man sich wieder ans Zusammenleben. Man verstand, dass jeder vergessen musste, was geschehen war. In diesem Sinne ist das Festival au Désert die Fortsetzung der Friedensflamme von damals, als wir hier in Timbuktu die Waffen verbrannt haben.»

Manny Ansar, Präsident des Festival au Désert

| Freunde |

«Lebe als wäre jeder Tag dein letzter und behandle Familie und Freunde als würdest du ewig leben.»

Sprichwort der Kel Tamaschek

«Aktuell befindet sich das Festival au Désert auf meiner Düne, die man auch die Düne des Friedens nennt. Hierher komme ich jeden Tag zum Nachdenken. Genau hier wurden 1996 mit der Friedensflamme von Timbuktu bei einer offiziellen Zeremonie dreitausend Rebellen-Waffen symbolisch verbrannt. Das bedeutete das Ende eines blutigen Konflikts, der den Norden Malis über fünf lange Jahre in eine Kriegszone verwandelt hatte. Regierungsvertreter und Kel Tamaschek-Rebellen, die eben noch erbitterte Feinde gewesen waren, reichten sich die Hand und versprachen fortan Frieden zu halten. Damals bin ich, ganz in weiß gekleidet und den Blick in die Ferne gerichtet, der offiziellen Delegation vorangeschritten und habe die Friedensfahne getragen. Darauf bin ich sehr stolz. Die Fahne ist immer noch in meinem Besitz.»

Nouri Mohamed Alamine Al Ansari,
Historiker am Institut Ahmed Baba in Timbuktu

| Frieden |

ICHICHILA

von Tartit

Mutige Männer, erhebt euch,
Schluss mit den Belanglosigkeiten!

Erinnert ihr euch an die grauenvollen Massaker in Léré?
Und das in Gossi und das davor in Saghra?

Es ist besser zu sterben,
als ohne Ehre zu leben!

*Das Lied ichichila entstand in einer Zeit
des Schmerzes während der malischen Rebellion
der neunziger Jahre*

| ichichila |

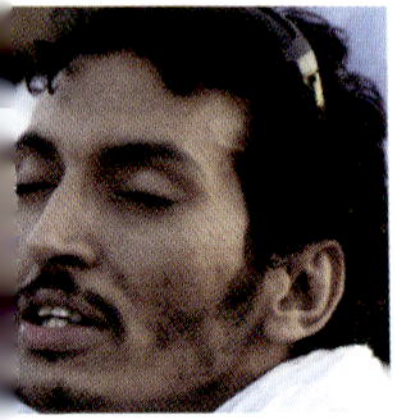

| Schwert |

«Als Gitarrist weiß ich, dass viele junge Menschen mir zuhören werden. Und diese Jugend, wer ist sie genau? Es sind meine Brüder und Schwestern, meine Familie ... Die Gitarre ist eine enorme Waffe!»

Oumara Moctar Bombino,
Sänger & Gitarrist der Band Bombino

ESTIVAL AU DESERT

| Rebellen |

«Die Gitarre der Rebellen! *Ishumar* für Rebell, ist ein Wort, das bei uns vor Jahrzehnten während einer entsetzlichen Hungersnot entstand. Damals kamen viele junge Kel Tamaschek auf Arbeitssuche in die Städte, oder gingen in die reichen Nachbarländer Algerien und Libyen. Untereinander nannten sie sich *chômeur*. Da sie jedoch nie auf eine höhere Schule gegangen waren, konnten sie das französische Wort *chômeur* nicht korrekt aussprechen. So entstand zunächst das Wort *shamour*. Ein arbeitsloses Mädchen nannte man entsprechend eine *tschamourt*. Während der Rebellion der neunziger Jahre veränderte sich das Wort dann noch etwas weiter bis daraus letztendlich *ishumar* – Rebellen – wurde. Und *la guitare* – die Gitarre – wurde zum Symbol ihres Aufstands. Die Musik rief die Kel Tamaschek auf, für ihre Rechte zu kämpfen. Heute hilft sie dabei, die Nomaden etwa für den Schulbesuch zu sensibilisieren oder über moderne Krankheiten aufzuklären. Außerdem haben die Lieder von *la guitare* inzwischen den Platz der sozialen Zensur übernommen wenn jemand gegen unseren Moralkodex *ashek* verstößt.»

Serge Mohamed,
Ex-Rebell & Ex-Musiker der Band Bombino

Alghafiat

von Amanar

Ich dachte, wir teilen eine gemeinsame Vision, doch nun zweifle ich.
An diesem düsteren Tag voller Befürchtungen sah ich mit jedem Blick
meine Freunde und mein Volk, seine Stadt, seine Heimat Kidal verlassen.

Mein Freund sei wachsam, eines Tages könnten wir uns in
einem Käfig wiederfinden, bedroht von Fingern, die auf uns zeigen.

Die heutige Welt ermüdet mit ihren ewigen Kriegen.
Nirgendwo warten Versteck oder Fluchtweg,
um unsere Alten und Kinder zu beschützen.
Sie suchen nichts als Sicherheit.

Manche Geschichten kann man erzählen, andere nicht.
Viele Sprichwörter der Kel Tamaschek fassen die Wahrheit.
Was nicht ist, kann nicht erfunden werden,
weder durch Missgunst noch Wunschdenken.

Bis auf die Kel Tamaschek in der Wüste, den Wurzeln
unseres Volkes, wie viele von uns gibt es heute noch?
Manche gingen weg und kamen nie wieder.
Andere sind tot und wurden zu Staub.

| alghafiat |

| Le Guitar |

«Seit die Gitarre in mein Leben getreten ist, bestimmt sie es ganz und gar. Ich habe viel ausprobiert, aber keine Arbeit, die ich begonnen habe, hat lange angedauert. Immer wieder hat sich die Gitarre in den Vordergrund gedrängt. Sie ist zur letzten Waffe der Kel Tamaschek geworden, einer Waffe, die alles erreichen kann. Eine Waffe des Wortes, um sich zu wehren und auszudrücken. Die Gitarre ist eine wichtige Stimme, denn wir Kel Tamaschek haben im Kampf viel ausprobiert: Rebellionen mit Schwertern, Rebellionen mit Gewehren … Jetzt ist die Gitarre unsere letzte Waffe!»

Ahmed Ag Kaedi, Leadsänger & Gitarist
der Band AMANAR aus Kidal

| Ehre |
| Anstand |

«Ohne ein Gleichgewicht der Kräfte, erübrigt sich der Kampf.»

Sprichwort der Kel Tamaschek

«Eva war ein großes Geschenk für die Menschheit. Warum hat Gott sie aus der linken Rippe unseres Großvaters Adam geschaffen? Weil sich dort das Herz befindet. Gott hat Adam damit den Auftrag gegeben: Du musst diese Person lieben. Dieses Geschenk, das ich dir gemacht habe, das muss nah am Herzen sein. Die Frau muss geliebt, respektiert und geachtet werden. Das haben wir Kel Tamaschek seit Jahrhunderten erkannt.»

Nouri Mohamed Alamine Al Ansari,
Historiker am Institut Ahmed Baba in Timbuktu

| Mann |

«Was ist die Frau? Bei uns sagt man: die Frau ist die Hose des Mannes. Sie ist es, die andern etwas vermitteln kann, da sie alle gesellschaftlichen Probleme kennt. Der Mann ist häufig zur Arbeit unterwegs, doch die Frau ist da und sieht, was in der Gesellschaft passiert. Sie ist hoch angesehen, sie behütet unsere Kultur und Traditionen. Bei uns sagt man auch: Ein Mann ohne Kultur ist ein Mann ohne Gesicht.»

Mohamed Issa Ag Oumar,
Sänger & Gitarist der Band Tartit
und Imaghan

| tameditin |

«Mein Lied *tameditin* habe ich für eine Freundin geschrieben. Vor drei oder vier Jahren hatte ich mich in sie verliebt, doch dann war ich andauernd auf Reisen. *Tahaar the'sahr* bedeutet auf Tamaschek, die Liebe ist eine Priorität. *Arki tout imschar timthar* bedeutet, dass du dich an die Dinge in der Vergangenheit erinnern solltest. Das ist mehr oder weniger der Inhalt meines Liedtextes: Die Liebe ist eine Priorität und man muss sich an Vergangenes erinnern. Dann bleibt man im Leben glücklich und kommt vielleicht erneut zusammen.»

Mohamed Issa Ag Oumar, Sänger &
Gitarist der Band Tartit und Imaghan

| Gebet |

«Nach den Worten des Propheten darf kein Mensch einen anderen töten … Djihad stand ursprünglich nicht mit Waffen in Verbindung, sondern war Ratgeber nach folgendem Prinzip: Wenn Du mir zuhörst, ist das gut. Wenn aber nicht – schade, aber ich gehe weiter meinen Weg! An erster Stelle steht im Islam der Frieden. An zweiter Stelle steht im Islam folgendes: Durch Dein Wesen wirkst Du stets auf jeden, dem Du begegnest. Wirke deshalb offenherzig, friedfertig und beweise damit ein reines Herz …»

Suleymaṇe Ag Al-Wâfi, Korangelehrter
aus der Region Timbuktu

| Mond |

«Entfernt eure Zelte und bringt eure Herzen zueinander.»

Sprichwort der Kel Tamaschek

| lernen |

«Unser berühmter Vorfahr, Mohamed Ali Ag Attaher El Ansari, wurde Ende 1800 geboren. Nach dem Tod seines Vaters übernahm er die Führung über viele Nomadenfraktionen der Region Timbuktu. Damals herrschte Krieg. Frankreich versuchte unsere Heimat zu erobern. Und obwohl unsere Männer mutig kämpften und viele starben, mussten sie sich am Ende der Kolonialmacht ergeben. Aber Mohamed Ali gab nicht auf, beschloss nun die Besatzer mit deren eigenen Waffen zu schlagen. Durch Bildung! Deshalb setzte er sich massiv für die Einschulung von Nomadenkindern ein und trotzte auch manchem Widerstand aus unseren eigenen Reihen. Dafür sind wir Kel Tamaschek ihm bis heute sehr dankbar. Er hat das Fundament gelegt, dass meine Geschwister und ich selbstverständlich zur Schule geschickt wurden.»

Mohamed El Moctar Ag Mohamedoun El Ansari,
Student in Bamako bis Januar 2012

| Land |

| Heimat |

«Das Land ist so frei wie die Gedanken»,

sagen die Kel Tamaschek.

| Gefahr |

«Null Risiko gibt es nicht! Und wenn man meint, dass sich unsere riesigen Saharagebiete hier kontrollieren lassen, geht das komplett an der Realität vorbei. Drogenmafia, militante Salafisten, Banditen … Man darf sich keiner Illusion hingeben, denn wenn man so will sind es die gleiche Elemente mit den gleichen Ideen. Sie verfolgen die gleichen Interessen: Es geht um Geld und Waffen … Ich sehe nicht völlig schwarz, aber in den kommenden Jahren wird auch nicht alles rosa sein.»

Ahmed Ag Hama, Offizier der Gendarmerie und Sicherheitschef des Festival au Désert im Mai 2011

Assalam Felawan

von Bombino

Ich grüße alle Kel Tamaschek. Wie ergeht es euch?
Wie findet ihr euch in der schwierigen Lage zurecht?

Der Ungerechtigkeit? Dem Mangel an Wasser, Schulen
und Krankenhäusern, der sich stetig fortsetzt.

Bitte bewahrt unsere Kultur!
Lasst nicht zu, dass sie verschwindet!

Wir danken unseren Eltern. Allen Widerständen zum Trotz
haben sie uns mit unendlicher Geduld groß gezogen.
Lasst nicht zu, dass ihre Anstrengungen vergebens waren.

| assalam felawan |

| Wasser ist Leben |

«Wir sind es leid, täglich die Konsequenzen für unser Betteln um Wasser ertragen zu müssen. Wir denken immer nur an Wasser, können es uns nicht leisten an eine Schule, die Gesundheit, Nahrung und andere Notwendigkeiten zu denken … Unsere einzige Sorge ist ein Brunnen. Hätten wir ihn endlich, gäbe es hier sicher mehr Familien. Aber was können wir machen? Niemand kann auf Dauer im Durst überleben …»

Fatta Wallet Attah, Nomadin hundertvierzig Kilometer südlich von Timbuktu

alami

von Koudédé

Ich reise auf meinem Kamel.
Es trägt mich überall hin.

Die Wüste tötet.
Sie tötet die, die sie lieben.

Ich bin ein Kind des Reisens,
Wanderer und Nomade ...

Am 28. Oktober 2012 wurde der nigrische Sänger & Gitarrist, Koudédé Abdoulaye Ag Amud, durch einen Autounfall brüsk aus dem Leben gerissen. Mit Koudédé verschwand eine wertvolle Stimme der Kel Tamaschek, ein großartiger Musiker und fröhlicher Mensch, der die Kultur seines Volkes über Jahrzehnte auf den Bühnen der Welt präsentiert hatte. Und es verschwand ein treuer Freund der Regisseurin, der unbedingt bei «Woodstock in Timbuktu» hatte mitwirken wollen, dem Film sein Lied *alam'i* als Geschenk gegeben hat.

| alami |

| Kel Tamaschek |

«Das Festival au Désert stellt eine fundamentale Frage an die Welt der Kel Tamaschek: Wie Widerstand leisten – in einer kapitalistischen Welt des Handels, mit all ihrer Kommerzialisierung von Kultur, Folklore und allem sonst? Wie dem widerstehen und zur gleichen Zeit teilhaben, denn es gibt ja auch immer etwas Positives. Die Welt von heute ist ein kleines Dorf, wie man sagt. Wir müssen also mit einem Bein in dieser Welt stehen, und mit dem anderen in unseren Traditionen, das wäre ideal für das gesamte Engagement der Kel Tamaschek heute. Das bedeutet sich nicht das Gesicht zu verschleiern! Denn in Wirklichkeit bringt das Festival viele Herausforderungen an uns zum Vorschein. Wir sehen hier beispielsweise andere Kulturen, andere Lebensweisen und uns sehr, sehr fremdes Verhalten … Aber ich finde, wir müssen von beiden Seiten das Positive nehmen, um weitermachen zu können.»

Hamzatta Ag Sidi Mohamed, Student in Bamako bis Januar 2012

| Sehnsucht |

«Heute kommt niemand auf der Welt ohne den anderen voran. Wir sind alle gezwungen uns die Hand zu reichen, ob schwarz, weiß, gelb oder sonst wie. Wichtig sind vor allem menschliche Werte, die uns alle weiterbringen.»

Houmeidy Ag Acharatmane,
Student in Bamako bis Januar 2012

NACHWORT

Das Festival au Désert 2011 wurde durch zunehmendem Einfluss militanter Salafisten bedroht, die Bitten um Hilfe aus der Sahara waren eindeutig. Couragierte Künstler, engagierte Mitarbeiter beim WDR und Fördergeld des Münchner FFF ermöglichten – mit Hilfe aus Verlagswesen und privatem Geld – einen Film, eine CD und dieses Buch. Der Film läuft in Kino und Fernsehen, geht in den Flüchtlingslagern von Hand zu Hand, schenkt Hoffnung und gibt kulturelle Hilfestellung in schweren Zeiten. Eine begleitende CD zum Film unterstützt unsere Künstler im Exil.

Kulturerhalt ist ein Begriff, der auch in Deutschland rasant an Bedeutung gewinnt. Doch durch wirtschaftliche und politische Fliehkräfte und dem Angstgespenst knapper Kassen rutscht die Kultur weltweit auf den Prioritätenlisten nach unten.

Kulturerhalt ist anstrengend und kostet Geld. Der anspruchsvolle Kino-Dokumentarfilm, in unseren Augen wertvolle Filmkultur, gerät zunehmend ins Quoten-Abseits, obwohl er im Vergleich sehr wenig kostet.

Wir, als engagierte, freie Kulturschaffende, möchten Sie deshalb ermutigen: Bleiben Sie bitte anspruchsvoll!

Ihre Verleger & Produzenten, Nicole & Philip Joens, April 2013

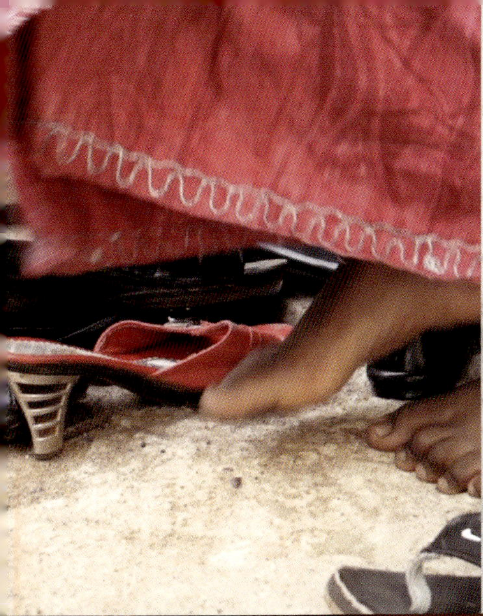

Désirée von Trotha (li) und die Kamerafrau Britta Mangold bei den Dreharbeiten in Timbuktu 2011

Bildnachweis
Marina Conrad: 60; Philip Joens: 16;
Britta Mangold: 10, 20, 23, 26/27, 30, 31, 35, 52;
Dietrich Mangold: 4, 10/11, 33, 47, 55;
Désirée von Trotha: 2/3, 9, 13-15, 17/19, 22, 25, 29, 37-46, 49-51, 53, 56-63

Impressum

Textauswahl: Désirée von Trotha

Lektorat: Nicole Joens

Gestaltung: Christine Paxmann
text • konzept • grafik, München

ISBN 978-3-94425103-5

Druck: Druckerei Theiss GmbH, Österreich

Mehr über unsere Filme, Musik und Bücher:
www.cindigo.de